FR

Also in this series

German Words to Know
Nigel Hughes

Spanish Words to Know
Hugh Hetherington

HUGH HETHERINGTON
Chatham House Grammar School, Ramsgate

FRENCH
Words to Know

METHUEN

ILLUSTRATIONS BY MIKE MOSEDALE

First published in 1985 by
Methuen & Co. Ltd
11 New Fetter Lane, London EC4P 4EE

© *1985 Hugh Hetherington*

Typeset by Rowland Phototypesetting Ltd
Bury St Edmunds, Suffolk
Printed in Great Britain by
Richard Clay (The Chaucer Press) Ltd
Bungay, Suffolk

All rights reserved. No part of this book may be
reprinted or reproduced or utilized in any form or by
any electronic, mechanical or other means, now
known or hereafter invented, including photocopying
and recording, or in any information storage or
retrieval system, without permission in writing
from the publishers.

British Library Cataloguing in Publication Data
Hetherington, Hugh
French words to know.
1. French language – Vocabulary
I. Title
448.1   PC2445

ISBN 0-416-42050-8 Pbk: *(net)*
ISBN 0-423-51370-2 Pbk: *(non-net)*

CONTENTS

Preface 7

1 Le corps	Body	8
2 Les vêtements	Clothing	14
3 La famille	Family	18
4 La maison	Home	22
5 La ville	Town	26
6 L'heure, les dates at les nombres	Time, dates and numbers	30
7 Le temps et le monde	Weather and world	36
8 Le travail	Work	40
9 Les sports et les loisirs	Sports and pastimes	46
10 Les vacances et les voyages	Holidays and travel	50
11 La campagne et la plage	Countryside and seaside	54
12 Les animaux et les oiseaux	Animals and birds	58
13 Le boire et le manger	Food and drink	62
14 Les communications	Communications	70
15 Les pensées et les sentiments	Thoughts and feelings	72
16 Adjectifs utiles	Useful adjectives	78
17 Mots utiles	Useful words	84
18 Expressions utiles	Useful phrases and idioms	90
19 Salutations et expressions utiles	Useful expressions	96
20 Verbes utiles	Useful verbs	102

PREFACE

Knowledge of essential vocabulary remains a *sine qua non* of learning a foreign language. The idea behind *French Words to Know* has been to produce a vocabulary and phrase book which will meet the needs of school and college students preparing for examinations as well as catering for the traveller and the self-taught. In devising it, I hoped first to avoid the shortcomings of other such books which are often dauntingly long, badly designed and presented, with too many sections and unnecessary words or phrases. Another aim was to keep abreast of the new testing and examination procedures with their emphasis on communication and the 'topical' approach.

The fundamental pre-requisites for successful foreign language acquisition are that the learner should be motivated (an axiom too often ignored or wished away) and that the teacher, if one is involved, should be flexible and resourceful. This book aims to supplement these basic requirements and to provide a compact but comprehensive vocabulary in twenty clear sections.

The book should prove invaluable for work towards the G.C.S.E. Examinations and the Graded Tests for which topic-oriented preparation supersedes the traditional structural approach. The topics in this book can be directly related to those used by most examination boards. As revision for specific parts of examinations, such as reading comprehension, picture composition, guided composition and the oral, *French Words to Know* will be particularly useful. Finally, for those wishing to teach themselves the language or use it for travel, this book may be dipped into or used extensively, according to the needs of the individual learner.

My thanks are due to my wife Lyn and to Patsy Ford for their help towards the production of this book.

Hugh Hetherington 1985

LE CORPS

le corps	body
la tête	head
l'œil *(m)*	eye
les yeux	eyes
la paupière	eyelid
le sourcil	eyebrow
le visage / la figure	face
le trait	feature
le teint	complexion
le nez	nose
les cheveux *(m)* / la chevelure	hair
aux cheveux noirs	with black hair
aux cheveux blonds	with blonde hair
aux cheveux bouclés, frisés, ondulés	curly hair, wavy hair
chauve	bald
la (les) moustache(s)	moustache
la barbe	beard

la joue	cheek
le front	forehead
ridé(e)	wrinkled
la bouche	mouth
la dent	tooth
la langue	tongue
la lèvre	lip
le menton	chin
l'oreille *(f)*	ear
la gorge	throat
le cou	neck
la voix	voice

BODY

hors d'haleine, **à bout de souffle,** **essoufflé(e)**	out of breath
fort(e)/faible	strong/weak

la poitrine	chest, bosom, bust
le sein	breast
le poumon	lung
le cœur	heart
le cerveau	brain
l'estomac *(m)* **le ventre**	stomach
l'épaule *(f)*	shoulder
la taille	waist
le bras	arm
la main	hand
le geste	gesture, movement
le coude	elbow
le poignet	wrist
le doigt	finger
le poing	fist
l'ongle *(m)*	nail

le dos	back
la jambe	leg
le genou	knee
le pied	foot
le talon	heel
la cheville	ankle
le doigt de pied **l'orteil** *(m)*	toe
le sang	blood
l'os *(m)*	bone
la peau	skin

LE CORPS

la chair	flesh
le poids	weight
la sueur	sweat
grand(e)/petit(e)	big/small
gros(se)/mince/maigre	fat/slim/thin
trapu(e)	stocky, thickset

gúerir	to cure
la santé	health
sain(e)	healthy
la douleur	pain
bien/malade	well/ill
aveugle/sourd(e)	blind/deaf
la toux	cough
tousser	to cough
le rhume	cold
être enrhumé(e)	to have a cold
s'enrhumer	to catch a cold
la grippe	'flu
être de bonne/ mauvaise humeur	to be in a good/ bad mood
être assis(e)/ debout	to be sitting/ standing
couché(e) / étendu(e)	lying, stretched out
saigner	to bleed
se casser la jambe	to break one's leg

agiter la main	to wave
se serrer la main à	to shake hands with
montrer/indiquer du doigt	to point to
pousser un cri	to shout out
éclater de rire	to burst out laughing

BODY

hausser les épaules	to shrug your shoulders
hocher la tête	to nod
lever la tête	to look up
froncer les sourcils	to frown
pâle/bronzé(e), hâlé(e)	pale/tanned
jeune/âgé(e)	young/old
vieux, vieil, vieille	old
beau, bel, belle	beautiful, good-looking
joli(e)/laid(e)	pretty/ugly
vivant(e)/ mort(e)	alive, living/ dead
blessé(e)	hurt, injured
tremblant(e)	shaky (hand, voice)

---

sembler / **paraître**	to seem
avoir l'air	to seem
il a l'air intelligent	he seems intelligent
avoir les yeux bruns	to have brown eyes
la fille *aux* **yeux verts**	the girl with green eyes
avoir mal aux dents	to have toothache
avoir mal à la tête	to have a headache
avoir mal au ventre	to have a stomach ache
avoir mal à la gorge	to have a sore throat
J'ai mal aux pieds	My feet hurt
avoir chaud/froid	to be hot/cold
avoir faim/soif	to be hungry/thirsty
avoir . . . caractère	to have a . . . nature
avoir . . . ans	to be . . . years old

LE CORPS

voir	to see
regarder	to look at, watch
s'apercevoir de	to notice
remarquer	to notice
jeter un coup d'œil	to glance
sentir	to smell, to feel
se sentir bien/malade	to feel well/ill
toucher	to touch
embrasser	to kiss
goûter	to taste
donner un coup de poing à	to punch
donner un coup de pied à	to kick
frapper	to hit, knock
cogner	to strike, knock into
entendre	to hear
écouter	to listen to

LES VÊTEMENTS

les vêtements (m)	clothes
le chapeau	hat
la casquette	cap
la chemise	shirt
le bouton	button
la boutonnière	button-hole
la cravate	tie
le pantalon	trousers
le jean	jeans
la chaussette	sock
la chaussure } le soulier	shoe
la botte	boot
le chausson } la pantoufle	slipper
le veston } la veste	jacket
le blouson	short, casual jacket
la fermeture éclair	zip

---

la blouse } le chemisier	blouse
la jupe	skirt
la robe	dress
le complet } le costume	suit
le pull(-over)	jumper, sweater
le tricot	jersey, sweater
le chandail	(thick, woollen) jumper
l'imperméable (m)	raincoat
le manteau	coat
le pardessus	overcoat

CLOTHING

le gant	glove
l'écharpe (*f*)	scarf
le foulard	short scarf, head scarf
le parapluie	umbrella

le linge	underwear, washing
le slip / **le caleçon**	underpants
la culotte	knickers, pants
le soutien-gorge	bra
le tricot de corps	vest
le gilet	waistcoat
le collant	tights
les bas (*m*)	stockings
le jupon	petticoat
la manche	sleeve
la ceinture	belt
la robe de chambre	dressing-gown
le pyjama	pyjamas
la chemise de nuit	nightdress
le mouchoir	handkerchief
les lunettes (*f*)	glasses

le short	shorts
le survêtement	track suit
le T-shirt	T-shirt
le maillot	sports jersey
le maillot de bain	swimming costume
le slip de bain	swimming trunks

LES VÊTEMENTS

les vêtements de détente	casual clothes
la salopotte / les bleus de travail	overalls
le linge sale	dirty linen
le tablier	apron
le ruban	ribbon
la bague	ring
le collier	necklace
la boucle d'oreille	earring
le sac à main	handbag
le portefeuille	wallet
le porte-monnaie	purse

---

la taille	size
la pointure	size (shoes)
Quelle pointure?	What size (shoes)?
le cuir	leather
le coton	cotton
la laine	wool
le daim / le suède	suede
l'acrylique	acrylic
la soie	silk
la dentelle	lace
le velours	velvet
le nylon	nylon
coudre	to sew
tricoter	to knit
s'habiller	to get dressed
se déshabiller	to undress

CLOTHING

mettre	to put on
enfiler	to slip on, into
porter	to wear
enlever / **ôter**	to take off
nu(e)	naked
habillé(e) (de) / **vêtu(e) (de)**	dressed (in)
essayer	to try on
Est-ce que ça me va?	Does this suit me?; look all right?
Oui, ça vous va bien	Yes, it suits you
Ça vous va mal	That doesn't suit you
à la mode	in fashion
chic	smart
élégant(e)	elegant
étroit(e) / **serré(e)**	tight
collant(e)	tight, clinging
lâche	loose

LA FAMILLE

la famille	family
les parents	parents, relatives
le père	father
la mère	mother
Papa/Maman	Daddy/Mummy
le mari / l'époux	husband
la femme / l'épouse	wife
l'homme	man
la femme	woman
le monsieur	gentleman
la dame	lady
le mariage	marriage
le mariage / les noces	wedding
la naissance	birth
la mort	death

---

les enfants	children
les gosses	kids
l'enfant	child
le bébé	baby
la voiture d'enfant	pram
le garcon	boy
la fille / la fillette	girl
le fils	son
la fille	daughter
le frère	brother
la sœur	sister
aîné(e)	older, oldest
cadet(-ette)	younger, youngest
jeune	young

FAMILY

la jeunesse	youth
les jeunes } les jeunes gens }	young people, youngsters

vieux, vieil, vieille	old
le grand-père	grandfather
la grand-mère	grandmother
le petit-fils	grandson
la petite-fille	granddaughter
l'oncle	uncle
la tante	aunt
le neveu	nephew
la nièce	niece
le cousin/la cousine	cousin
le beau-père	father-in-law
la belle-mère	mother-in-law
le beau-fils } le gendre }	son-in-law
la belle-fille } la bru }	daughter-in-law

l'ami *(m)*	friend
le petit ami	boyfriend
l'amie *(f)*	friend
la petite amie	girlfriend
le copain/la copine	friend, mate
le/la célibataire	single person
marié(e)	married
épouser	to marry
se marier avec	to marry
le veuf	widower
la veuve	widow
le divorce	divorce
le/la retraité(e)	retired person

LA FAMILLE

l'orphelin(e)	orphan
les jumeaux *(m)* **les jumelles** *(f)*	twins
l'anniversaire *(m)*	birthday

LA MAISON

l'appartement *(m)*	flat
l'immeuble *(m)*	block of flats
le rez-de-chaussée	ground floor
le premier étage	first floor
le deuxième étage	second floor
au troisième étage	on the third floor
chez moi	to/at my house
chez nous	to/at our place
habiter	to live (in)
demeurer	to live
le logement	accommodation
loger	to live; to lodge
louer	to rent
le/la locataire	tenant
se déménager	to move (house)

la maison	house
la pièce	room
la salle	(large) room
la salle à manger	dining-room
la salle de séjour / le salon	living-room
la table	table
la chaise	chair
le fauteuil	armchair
le canapé	sofa, settee
le mur	wall
le plafond	ceiling
le plancher	floor
la porte	door
le seuil	doorstep, threshold
le toît	roof

le vestibule	hall
la fenêtre	window
le volet / le contrevent	shutter
le store	blind
le rideau	curtain
la cheminée	fireplace, mantelpiece
le chauffage central	central heating
le tapis	carpet
la moquette	(fitted) carpet
le buffet	sideboard
le placard	(wall) cupboard
l'escalier *(m)*	stairs
le palier	landing
le couloir	corridor
en bas	downstairs

---

en haut	upstairs
la chambre	bedroom
la table de chevet	bedside table
l'armoire *(f)*	wardrobe, cupboard
le tableau	picture
le lit	bed
le drap	sheet
la couverture	blanket
la couette	continental quilt
l'édredon *(m)*	eiderdown, quilt
l'oreiller *(m)*	pillow
se coucher	to go to bed
s'endormir	to fall asleep
dormir	to sleep
endormi(e)	asleep

LA MAISON

se réveiller	to wake up
se lever	to get up
se laver	to wash
la salle de bain	bathroom
le lavabo	wash basin
la baignoire	bath
prendre un bain	to take a bath
la douche	shower
la serviette	towel
le savon	soap
le robinet	tap
la brosse à dents	toothbrush
le dentifrice	toothpaste
se raser	to shave
le rasoir	razor

l'eau (f)	water
le shampooing	shampoo
le cabinet de toilette	wash-room, toilet
le WC	toilet
le papier hygiénique	toilet paper
le papier d'étain	tinfoil
la cuisine	kitchen
la bouilloire	kettle
l'évier (m)	sink
la cuisinière	cooker
le four	oven
la poêle	frying pan
la casserole	saucepan
le frigo	fridge
la machine à laver	washing machine

la machine à faire la vaisselle	dishwasher
faire la vaisselle	to wash up
faire cuire	to cook
le couteau	knife
la fourchette	fork
la cuiller / la cuillère	spoon
le verre	glass
la bouteille	bottle
l'assiette *(f)*	plate
le bol	bowl
la tasse	cup
la soucoupe	saucer
la poignée	handle
le couvercle	lid, top
l'aspirateur *(m)*	vacuum cleaner

les meubles *(m)*	furniture
la commode	chest of drawers
la table de toilette / la coiffeuse	dressing table
le tiroir	drawer
la bibliothèque	bookcase
le rayon	shelf
l'étagère *(f)*	shelf, shelves
la lumière	light
la lampe	lamp
allumer/éteindre	to switch on/off
le grenier	loft, attic
le sous-sol	basement
la cave	cellar
le jardin	garden
la clôture	fence
le voisin/la voisine	neighbour

LA VILLE

la ville	town
le village	village
les gens	people
le piéton	pedestrian
le passant/ la passante	passer-by
la foule	crowd
bondé(e)	crowded
beaucoup de monde / beaucoup de gens	a lot of people
l'agent de police	policeman
le commissariat / le poste de police	police station
le gendarme	(military) policeman
la gendarmerie	gendarme station
le marchand/ la marchande	shopkeeper

le/la marchand(e) de legumes	greengrocer
le marché	market
le magasin	shop
l'épicerie	grocer's
le supermarché	supermarket
le paquet	packet, parcel
la boîte	box, tin
le chariot	trolley
la vitrine	shop window, display
l'étalage (*m*)	stall, display
la boucherie	butcher's
la charcuterie	delicatessen
la boulangerie	baker's
la pharmacie	chemist's
la librairie	bookshop

TOWN

la pâtisserie	cake shop
la confiserie	confectioner's
la laverie	launderette
la blanchisserie	laundry
la boutique	small shop
la papeterie	stationer's
la quincaillerie	hardware store
la droguerie	household store
la caisse	cash desk
acheter	to buy
vendre	to sell
le sac	bag
le panier	basket

cher, chère/bon marché	dear/cheap
le prix	price
l'argent (m)	money
coûter	to cost
payer	to pay (for)
C'est combien?	How much is this/it?
Ça fait combien?	How much will that be?
faire des achats	to do the shopping
faire des courses	to go shopping
les marchandises	goods
en solde	reduced, at sale price
la rue	street
le trottoir	pavement
le centre-ville	town centre
la place	square
le coin	corner
le réverbère	street lamp
la chaussée	roadway

LA VILLE

le bruit	noise
la fumée	smoke
les feux	traffic lights
la circulation	traffic
le jardin public / le parc	park
les toilettes (*f*)	toilets
sens unique	one-way
le parking	car park
l'arrêt d'autobus	bus stop
stationner / garer	to park

---

la gare	station
le bâtiment	building
l'Hôtel de ville / la mairie	Town Hall
la bibliothèque	library
le cinéma	cinema
la cathédrale	cathedral
l'église (*f*)	church
le musée	museum
l'hôtel (*m*)	hotel
l'hôpital (*m*)	hospital
la gare routière	bus station
la banque	bank
toucher un chèque	to cash a cheque
la Poste (P.T.T.)	Post Office

---

le timbre (-poste)	stamp
la cabine téléphonique	telephone box
décrocher	to lift the receiver
raccrocher	to replace the receiver

TOWN

la tonalité	dialling tone
composer le numéro	to dial
téléphoner (à)	to telephone
mettre une lettre à la poste	to post a letter
envoyer	to send
la boîte aux lettres	letter box
le café / le bistro(t)	café
le restaurant / la brasserie	restaurant
le Syndicat d'Initiative	Tourist Information
se renseigner	to ask for information
le plan de ville	town map

Où est . . . ? / Où se trouve . . . ?	Where is . . . ?
(Est-ce qu')il y a un/une . . . près d'ici?	Is there a . . . near here?
Il y a des toilettes par ici?	Are there toilets near here?
par ici/par là	this way, round here/that way
Pour aller a/au/aux . . .?/	How do I get to . . . ?
suivez . . .	follow . . .
tout droit	straight on, ahead
traverser	to cross
à gauche/à droite	on/to the left/the right
C'est loin (d'ici)?	Is it far (from here)?
C'est tout près	It's quite near
devant/derrière	in front of/behind
à côté de	next to
en face (de)	opposite

L'HEURE, LES DATES ET LES NOMBRES

un (une), deux, trois	1, 2, 3
quatre, cinq	4, 5
six, sept, huit	6, 7, 8
neuf, dix	9, 10
onze, douze	11, 12
treize, quatorze	13, 14
quinze	15
seize, dix-sept	16, 17
dix-huit, dix-neuf	18, 19
vingt	20
vingt et un	21
vingt-deux	22
trente	30
trente et un	31
quarante	40
cinquante	50
soixante	60
soixante-dix	70
soixante et onze	71
soixante-douze	72
soixante-dix-neuf	79
quatre-vingts	80
quatre-vingt-un	81
quatre-vingt-dix	90
quatre-vingt-onze	91
quatre-vingt-dix-neuf	99
cent	100
cent un	101
deux cents	200
deux cent un	201
trois cents	300
mille	1000
mille un	1001
deux mille	2000

TME, DATES AND NUMBERS

un million	1,000,000
premier(-ière)	first
deuxième / second(e)	second
troisième	third
quatrième	fourth
cinquième	fifth
sixième	sixth
septième	seventh
huitième	eighth
neuvième	ninth
dixième	tenth

Quelle heure est-il?	What time is it?
Avez-vous l'heure? / Vous avez l'heure?	Have you got the time?
Il est une heure	It's one o'clock
Il est deux heures et demie	It's 2.30
Il est trois heures moins cinq	It's five to three
Il est quatre heures dix	It's ten past four
Il est cinq heures moins le quart	It's a quarter to five
Il est six heures et quart	It's a quarter past six
Il est sept heures précises/juste	It's exactly seven
Il est midi	It's midday
Il est minuit	It's midnight
Il est midi/minuit et demi	It's 12.30
une heure	an hour
une demi-heure	half an hour
une heure et demie	an hour and a half

31

L'HEURE, LES DATES ET LES NOMBRES

l'horloge *(f)*	(big) clock
la pendule	clock
le réveil	alarm clock
la montre	watch
le chronomètre	stop watch
le matin	(in the) morning
l'après-midi *(m)*	(in the) afternoon
le soir	(in the) evening
la nuit	(at) night
le jour / la journée	day
la semaine / huit jours	week
la quinzaine / quinze jours	fortnight
le mois	month
l'an / l'année	year
il est vers neuf heures, il est neuf heures environ/à peu près	It's about nine
il est presque neuf heures	It's almost nine

Quelle est la date? / Quel jour sommes-nous?	What is the date?
janvier, février	January, February
mars, avril, mai	March, April, May
juin, juillet	June, July
août, septembre	August, September
octobre, novembre	October, November
décembre	December
le premier avril	1st of April
le deux janvier	2nd of January

TIME, DATES AND NUMBERS

le samedi, quinze décembre	Saturday the 15th of December
mil neuf cent quatre-vingt-cinq	1985
la veille de Noël	Christmas Eve
(le jour de) Noël	Christmas Day
le jour de l'An	New Year's Day
le vendredi saint	Good Friday
Pâques	Easter

dimanche, lundi	Sunday, Monday
mardi, mercredi	Tuesday, Wednesday
jeudi, vendredi	Thursday, Friday
samedi	Saturday
la saison	season
le printemps	spring
l'été *(m)*	summer
l'automne *(m)*	autumn
l'hiver *(m)*	winter
la fête	Saint's day, holiday
le weekend	weekend
le jour de congé	day off
les jours feriés	public holidays
au mois de janvier	in January
cet été	this summer
les (grandes) vacances	(summer) holidays

la fois	time, occasion
deux fois	twice
trois fois par jour	three times a day
chaque jour	each day
tous les jours	every day
toute la journée	all day (long)

L'HEURE, LES DATES ET LES NOMBRES

toute la nuit	all night (long)
de nos jours	nowadays
maintenant	now
en ce moment / à présent	at the moment
à ce moment-là	at that moment, just then
ce soir	this evening
ce soir-là	that evening
tout à l'heure	just now, shortly
dans cinq ans	in five years' time
il y a cinq ans	five years ago
jusqu'à . . .	until . . .
à partir de . . .	from . . . on
à partir de vingt heures	from 8 p.m. on
de . . . à	from . . . to
entre . . . et	between . . . and

le passé	past
l'avenir *(m)*	future
aujourd'hui	today
hier	yesterday
hier soir	last night
avant-hier	day before yesterday
demain	tomorrow
demain matin	tomorrow morning
la veille	the day (night) before
le lendemain / le jour suivant	the next day
la semaine prochaine	next week
la semaine dernière	last week
la semaine précédente	the week before
la semaine suivante	the following week

LE TEMPS ET LE MONDE

le monde	world
la terre	earth
le temps	weather
Quel temps fait-il?	What's the weather like?
il fait beau/mauvais	it's fine/bad weather
il fait un temps splendide	it's great weather
par un beau jour d'été	one fine summer's day
il fait du soleil	it's sunny
il fait chaud/froid	it's hot/cold
il fait frais	it's cool, fresh
il fait du vent	it's windy
il fait du brouillard	it's foggy
nuageux(-euse)	cloudy
couvert(e)	dull, cloudy
sombre/clair(e)	dull/clear

---

il pleut	it's raining
il pleut à verse	it's pouring
la pluie	rain
pluvieux	rainy
sous la pluie	in the rain
l'averse (f)	shower
la goutte	drop
pleuvoir	to rain
la brume	mist
brumeux(-euse)	misty
le soleil	sun
ensoleillé(e)	sunny
briller	to shine
le vent	wind
la brise	breeze
souffler	to blow

WEATHER AND WORLD

il neige	it's snowing
la neige	snow
neiger	to snow
le flocon de neige	snowflake
la chute de neige	snowfall
la grêle	hail
il gèle	it's frosty
le gel, le givre / **la gelée**	frost
la congère / **l'amoncellement de neige**	snowdrift
la glace	ice
le verglas	black ice
l'inondation (f) / **le déluge**	flood
l'orage (m)	thunderstorm
la tempête	storm, tempest, gale

le ciel	sky
les ténèbres	darkness
l'éclaircie (f)	bright spell
la lumière / **la lueur**	light
l'éclair	flash of lightning
la foudre	lightning
le tonnerre	thunder
il fait noir/jour	it's dark/daylight
à l'ombre	in the shade
au soleil	in the sunlight
le ciel	sky
la lune	moon
l'étoile (f)	star
le clair de lune	moonlight

LE TEMPS ET LE MONDE

la météo	
les prévisons météorologiques	weather forecast
le bulletin météorologique	
mouillé(e)	(soaking) wet
humide	damp
sec/sèche	dry
la flaque	puddle, pool
la rosée	dew
l'herbe *(f)*	grass
la pelouse / **le gazon**	lawn
la fleur	flower
la rose/la tulipe	rose/tulip
le lis	lily
la marguerite	daisy
la jonquille	daffodil

---

l'arbre *(m)*	tree
la tige	stem
la racine	root
le tronc	trunk
la feuille	leaf
le lierre	ivy
la cime	top (of tree), peak
le sapin	fir
le chêne	oak
l'orme *(m)*	elm
le frêne	ash
le hêtre	beech
le châtaignier	chestnut
l'aubépine *(f)*	hawthorn
le tilleul	lime
le platane	plane tree

WEATHER AND WORLD

la France	France
français(e)	French
l'Angleterre	England
anglais(e)	English
l'Allemagne	Germany
allemand(e)	German
l'Espagne	Spain
espagnol(e)	Spanish
La Grande-Bretagne	Great Britain
britannique	British
l'Ecosse	Scotland
écossais(e)	Scottish
le Pays de Galles	Wales
gallois(e)	Welsh
l'Irlande	Ireland
irlandais(e)	Irish
les Etats-Unis	United States
américain(e)	American
l'U.R.S.S.	Russia
soviétique	Russian
le Japon	Japan
japonais(e)	Japanese
un(e) Anglais(e)	an Englishman (woman)
un(e) Français(e)	a Frenchman (woman)
le nord/le sud	north/south
l'est/l'ouest	east/west

LE TRAVAIL

le travail / le boulot *(slang)*	work
l'emploi *(m)*	job
le métier	trade, job
la place	job
l'ouvrier(-ière)	worker
le patron/la patronne	boss
l'employé(e)	employee, clerk
le directeur/la directrice	manager/ess, director
le gérant/la gérante	manager/ess
Que faites-vous dans la vie? / Que faites-vous comme travail/boulot?	What work to you do?
travailler	to work
à plein temps	full-time
à temps partiel	part-time
gagner	to earn
gagner sa vie	to earn one's living

---

l'argent *(m)*	money
le traitement	salary
le salaire	wages, salary
voler	to steal, rob
le voleur	thief
le cambrioleur	burglar
le bureau	office
l'entreprise *(f)*	firm, business
les affaires *(f)*	business
l'homme d'affaires	businessman
la femme d'affaires	businesswoman
la compagnie	company
la maison de commerce	firm

WORK

l'usine (f) / la fabrique	factory
l'entrepôt (m)	warehouse

le maître d'hôtel	head waiter
le garçon	waiter
la serveuse (de bar)	waitress, barmaid
le barman / le serveur de bar	barman
le/la receptionniste	receptionist
le porteur	porter
la bonne	maid
la femme de ménage	cleaning woman
le marchand/ la marchande	trader/shopkeeper, stallkeeper
le boucher/ la bouchère	butcher
le boulanger/ la boulangère	baker
l'épicier/ l'épicière	grocer
le coiffeur/ la coiffeuse	hairdresser
le douanier/ la douanière	customs officer
le/la fonctionnaire	civil servant

le/la secrétaire	secretary
le dactylo	typist
la sténo-dactylo	shorthand typist
l'écrivain	writer
l'auteur	author
le/la journaliste	journalist
l'étudiant(e)	student

LE TRAVAIL 8

le professeur	teacher, lecturer
l'instituteur/ l'institutrice	(primary) teacher
le comptable	accountant
l'artiste	artist
le peintre	painter
le musicien/ la musicienne	musician
le chanteur/ la chanteuse	singer

le personnel	staff
la formation	training
le dessinateur	designer
l'avocat(e)	barrister
l'avoué(e)	solicitor
le juge	judge
le médecin	doctor
le chirurgien	surgeon
le dentiste	dentist
l'infirmière (f)	nurse
le vétérinaire	vet
l'ingénieur (m)	engineer
le mécanicien/ la mécanicienne	mechanic
le garagiste	garage owner
le menuisier / le charpentier	joiner, carpenter

WORK

le technicien/ la technicienne	technician
le plombier	plumber
le facteur	postman
le moine	monk
la religieuse	nun
le pasteur	minister
le curé / le prêtre	priest
le vicaire	curate
le pêcheur	fisherman
le marin / le matelot	sailor
le soldat	soldier
le pilote	pilot
le mineur	miner
l'électricien(-ienne)	electrician

le roi/la reine	king/queen
le député	M.P.
le/la président(e)	president
le/la savant(e)	scientist
le programmeur/ la programmeuse	computer programmer
le mannequin	model
la grève	strike
la grève perlée	go-slow
la grève du zèle	work-to-rule
l'augmentation (de salaire)	wage increase, rise
mis(e) au chômage	made redundant
en chômage	unemployed
le syndicat	union

LE TRAVAIL 8

l'école	school
le collège (technique)	(technical) college
le C.E.S.	secondary school
le lycée	16+ (academic) school
le proviseur	head of lycée
l'université	university
l'élève	pupil
le cours	lesson, class
la leçon	lesson
les devoirs *(m)*	homework
le trimestre	term
la rentrée (des classes)	first day of term
l'emploi du temps	timetable
enseigner	to teach
apprendre	to learn
étudier	to study

---

l'examen *(m)*	examination
le concours	competition, exam.
passer	to sit, 'do' an exam.
réussir à / être reçu(e) à	to pass
échouer à / rater	to fail
le bac *(slang)* / le bachot *(slang)* / le baccalauréat	school (lycée) leaving exam. (certificate)
la licence en	degree in
la matière	subject
être fort(e) en	to be good at
les maths *(f)*	maths
l'anglais *(m)*	English
le français	French

l'allemand *(m)*	German
l'espagnol *(m)*	Spanish
la géographie	geography
l'histoire *(f)*	history
le dessin	art
l'instruction religieuse	R.E.
la chimie	chemistry
la physique	physics
la biologie	biology
les sciences naturelles	natural history, biology
l'éducation physique	P.E.
l'ordinateur *(m)*	computer
l'enseignement *(m)*	education
la machine à calculer	calculator
le magnétophone	tape recorder

LES SPORTS ET LES LOISIRS

les sports *(m)*	sports
les jeux *(m)*	games
les passe-temps *(m)*	hobbies
les loisirs *(m)*	leisure time, activities
s'amuser	to enjoy oneself
jouer de	to play (instrument)
la musique	music
l'instrument de musique *(m)*	musical instrument
jouer du piano/du violon	to play the piano/violin
aimer	to like, enjoy
jouer à	to play (game)
jouer au rugby	to play rugby
gagner	to win
perdre	to lose
s'entraîner	to train

le tennis	tennis
la balle	(small) ball
le football	football
le ballon	(large) ball
marquer un but	to score a goal
marquer un point	to score a point
le sifflet	whistle
la pétanque	bowls
le golf	golf
le cricket	cricket
le basket	basketball
faire partie de	to belong to
un club	a club
une équipe	a team
la discothèque	disco
la boîte de nuit	night club

SPORTS AND PASTIMES

danser	to dance
chanter	to sing
la chanson	song
le chanteur/ la chanteuse	(pop) singer
le concert	concert
le disque	record
l'électrophone *(m)*	record player
le magnétophone à cassettes	cassette player
la chaîne stéréo / **hi-fi**	stereo, hi-fi system
la télévision	television
le téléviseur	television set
l'émission *(f)*	broadcast
le programme	programme
le film	film
les bandes dessinées	cartoons
le cinéma	cinema

---

le théâtre	theatre
la séance	performance
la peinture	painting
la poterie	pottery
le dessin	drawing
lire	to read
collectionner	to collect
la piscine (couverte)	(indoor) pool
la natation	swimming
nager	to swim
plonger	to dive
aller à la pêche	to go fishing
pêcher	to fish
la canne à pêche	fishing rod
les courses de chevaux	(horse) races
l'hippisme *(m)*	horse-racing

LES SPORTS ET LES LOISIRS

faire du camping	to go camping
la tente	tent
faire du footing	to go jogging
faire de l'alpinisme	to go climbing
faire du ski	to ski
aller faire du ski	to go skiing
faire du canotage	to row
faire de la voile	to go sailing
patiner	to skate
le patinage à glace	ice-skating
la patinoire	ice-rink
le patinage à roulettes	roller-skating
l'athlétisme	athletics
la course de cent mètres	100 metres race
le saut en longueur	long jump
le saut en hauteur	high jump
sauter/courir	to jump/to run

Aimes-tu . . . ? / Aimez-vous . . . ?	Do you enjoy . . . ?
Savez-vous . . . ? / Sais-tu . . . ?	Can you . . . ?
Savez-vous nager?	Can you swim?
Est-ce que vous aimez faire du footing?	Do you enjoy jogging?
jouer aux échecs	to play chess
jouer aux cartes	to play cards
jouer aux dames	to play draughts
faire une partie de cartes	to have a game of cards
pratiquer	to go in for
la photographie	photography
prendre des photos	to take photos
l'appareil (m)	camera

9	SPORTS AND PASTIMES

s'intéresser à to be interested in
la surprise partie
la boum party

LES VACANCES ET LES VOYAGES

les vacances *(f)*	holidays
le voyage / le trajet	journey
voyager	to travel
à l'étranger	abroad
le voyageur	traveller
le passager	passenger
le/la touriste	tourist
se mettre en route/en marche	to set off
les bagages *(m)*	luggage
la valise	suitcase
faire les valises	to pack the cases
défaire	to unpack
le sac	bag
au revoir	goodbye
Bon voyage! / Bonne route!	Have a good trip!

---

conduire	to drive
rouler	to go along, drive
la voiture	car
le moteur	engine
démarrer	to start up (engine)
charger	to load up
le coffre	boot
le siège (arrière)	(back) seat
au volant	at the wheel
la portière	door
monter dans	to get into (car, train)
descendre de	to get out of (car, train)
freiner	to brake
(s')arrêter	to stop
tomber en panne	to break down

HOLIDAYS AND TRAVEL

la route	road
l'autoroute *(f)*	motorway
le carrefour / le croisement	crossroads
le car / l'autocar	coach
le camion	lorry
arriver	to arrive
une chambre	room
avec douche/WC/salle de bain/cabinet de toilette	with shower/WC/bathroom/washroom
un grand lit	double bed
à deux lits	twin-bedded
la clef/clé	key
l'ascenseur *(m)*	lift
l'addition *(f)* / la note	bill
petit déjeuner compris	including breakfast

---

le chemin de fer	railway
la voie	line, track, platform
le quai	platform
le train	train
le guichet	ticket office
la voiture / le wagon	coach
le compartiment	compartment
le filet	luggage-rack
la place	seat
un billet simple	single ticket
un aller et retour	return ticket
le T.G.V.	high speed train (reservation necessary)
manquer le train	miss the train
la correspondance	connection

LES VACANCES ET LES VOYAGES 10

ralentir	to slow down
de l'huile *(f)*	oil
de l'eau *(f)*	water
de l'essence *(f)*	petrol
le poste d'essence	petrol station
la station-service	service station
faire le plein	to fill up
le chauffeur	driver
le passeport	passport
la douane	customs
l'arrivée *(f)*	arrival
le départ	departure
le bureau de renseignements	information desk
la salle d'attente	waiting room
la salle de départ	departure lounge

l'aéroport *(m)*	airport
l'aérogare *(f)*	air terminal
l'avion *(m)*	plane
l'hôtesse de l'air	air hostess
décoller	to take off
le décollage	take off
atterrir	to land
l'atterrissage *(m)*	landing
l'indicateur *(m)*	timetable
l'entrée *(f)*	way in
la sortie	way out
l'aéroglisseur *(m)*	hovercraft
le bac / le ferry	ferry
le bateau	boat
le paquebot	liner

à pied	on foot
en vélo	by bicycle
en moto	by motorbike
en vélomoteur/ mobylette	by moped
en taxi	by taxi
par le Métro	by/on the tube
par le train	by train
en bateau	by boat
en avion	by air
en voiture/auto	by car
faire une promenade	to go for a walk
faire une promenade en voiture	to go for a drive
faire une promenade à cheval	to go horse-riding
monter à cheval	to ride a horse
faire de l'autostop	to hitch-hike

LA CAMPAGNE ET LA PLAGE

la campagne	countryside
le paysage	landscape
le pays	country, country area
en plein air	in the open air
le pré	meadow
le champ	field
la montagne	mountain
la colline	hill
le sommet	top, summit
la pente	slope
la terre	earth
le sol	ground
la poussière	dust
la boue	mud
le trou	hole

l'endroit *(m)*	place, spot
le lieu	place
la région	region, area
la rivière	(small) river
le fleuve	river
le pont	bridge
la rive	bank
le lac	lake
le ruisseau	stream
l'étang *(m)*	pond
la mare	pond, pool
le sentier	path
le verger	orchard
le potager	kitchen garden
la barrière	gate

COUNTRYSIDE AND SEASIDE

le tas	pile, heap
la feuille	leaf
la plante	plant
la paille	straw
le foin	hay
l'avoine (f)	oats
la vigne	vine
la vendange	(grape) harvest
la moisson	(crop) harvest
la récolte	(fruit/vegetable) harvest
le blé	corn, wheat
la ferme	farm
le paysan/ la paysanne	peasant
le fermier	farmer
la charrette	cart
la charrue	plough
le tracteur	tractor
l'écurie (f)	stable
l'étable (f)	cow-shed
le fossé	ditch
la haie	hedge
le poteau indicateur	signpost
le poteau télégraphique	telegraph pole
le buisson	bush
la mer	sea
au bord de la mer	to/at the sea-side
la plage	beach
le sable	sand
la vague	wave
la côte	coast
la marée haute/basse	high/low tide

LA CAMPAGNE ET LA PLAGE

la falaise	cliff
le rocher	rock
le coquillage	shell
le phare	lighthouse
le courant	current
la pierre	stone
le caillou	pebble
la bouée	buoy
le château de sable	sandcastle
le seau	bucket
la pelle	spade
nager	to swim
se baigner	to bathe, swim
aller faire trempette	to paddle
faire un pique-nique	to have a picnic

le transat / la chaise longue	deckchair
la chaise pliante	folding chair
en pleine mer	out at sea
couler	to sink
être emporté(e)	to be carried off
se noyer	to drown
le maître-nageur	lifeguard
la ceinture de sauvetage	lifebelt
les lunettes de soleil	sunglasses
la crème solaire	suntan cream
se faire bronzer	to get a suntan
bronzé(e), hâlé(e) / basané(e)	tanned
le crabe	crab
la mouette	seagull

LES ANIMAUX ET LES OISEAUX

le chien	dog
le chat	cat
le cheval	horse
l'âne *(m)*	donkey
la chèvre	goat
le mouton	sheep
l'agneau	lamb
le cochon	pig
la vache	cow
le taureau	bull
le veau	calf
la souris	mouse
le rat	rat
le lapin	rabbit
la tortue	tortoise

l'éléphant	elephant
le lion	lion
le singe	monkey
le tigre	tiger
l'ours *(m)*	bear
le renard	fox
le loup	wolf
le serpent	snake
la chauve-souris	bat
le hérisson	hedgehog
le poisson	fish
le poisson rouge	goldfish
l'anguille *(f)*	eel
la baleine	whale
le requin	shark

ANIMALS AND BIRDS

le ver	worm
la chenille	caterpillar
l'insecte	insect
la mouche	fly
l'abeille (f)	bee
le papillon	butterfly
la puce	flea
la fourmi	ant
l'araignée (f)	spider
la guêpe	wasp
l'oiseau (m)	bird
le poulet	chicken
la poule	hen
le coq	cock
le dindon	turkey

le canard	duck
l'oie (f)	goose
le cygne	swan
l'hirondelle	swallow
la colombe	dove
la corneille / le corbeau	crow
le merle	blackbird
la grive	thrush
le moineau	sparrow
le rouge-gorge	robin
le hibou	owl
l'aigle	eagle
le perroquet	parrot
le rossignol	nightingale

LES ANIMAUX ET LES OISEAUX

l'aile *(f)*	wing
le nid	nest
le bec	beak
la plume	feather
l'œuf *(m)*	egg
la coquille	shell
la fourrure	fur
le poil	coat, hair
la griffe	claw
la crinière	mane
la gueule	mouth
la patte	paw
la queue	tail
la toile (d'araignée)	web (spider's)

LE BOIRE ET LE MANGER

la nourriture	food
le repas	meal
le petit déjeuner	breakfast
le déjeuner	lunch
le dîner	dinner
le goûter	tea, afternoon snack
mettre le couvert	to lay the table
le menu / la carte	menu
la carte de vins	wine list
le tarif	price list
l'addition (f)	bill
le plat	dish, course

la soupe / le potage	soup
le consommé	clear beef soup
le potage au poulet	chicken soup
le potage aux champignons	mushroom soup
potage parmentier	potato soup
potage julienne	clear vegetable soup
potage saint-germain	pea soup
salade	salade
crudités	mixed salad in French dressing
escargots	snails
huîtres	oysters
pâté / terrine	pate
saucisson	salami

FOOD AND DRINK

le poisson	fish
les fruits de mer *(m)*	shellfish
le calmar	squid
le colin } le merlu }	hake
le hareng	herring
le homard	lobster
les langoustines *(f)*	scampi
le maquereau	mackerel
le merlan	whiting
la morue	cod
le saumon	salmon
la truite	trout

la viande	meat
le bœuf	beef
le bifteck	steak
l'agneau *(m)*	lamb
le mouton	mutton
le carré d'agneau	loin of lamb
les basse-côtes *(f)*	spare ribs
la côte	chop
les côtelettes *(f)*	cutlets
le gigot	leg
le jambon	ham
le porc	pork
le foie	liver
les rognons *(m)*	kidneys
le pot-au-feu	beef and vegetable stew
le ragoût	stew

LE BOIRE ET LE MANGER

le gibier	game
la volaille	poultry
les œufs (m)	eggs
l'aile (f)	wing
le blanc	breast
la cuisse	leg
le canard	duck
la dinde	turkey
le poulet	chicken
le faisan	pheasant
le lapin	rabbit
le lièvre	hare
rôti	roast
au four	baked

les légumes (m)	vegetables
l'ail (m)	garlic
les asperges (f)	asparagus
la betterave	beetroot
les carottes (f)	carrots
le céleri	celery
les champignons (m)	mushrooms
le chou	cabbage
les choux de Bruxelles	Brussel sprouts
le chou-fleur	cauliflower
les épinards (m)	spinach

FOOD AND DRINK

les fèves *(f)*	broad beans
les haricots verts *(m)*	French beans
le navet	turnip
les oignons *(m)*	onions
les petits pois *(m)*	peas
les poireaux *(m)*	leeks
les pommes de terre *(f)*	potatoes
les frites *(f)*	chips
en purée	mashed
les pommes vapeur	boiled potatoes
le concombre	cucumber
la laitue	lettuce
les tomates *(f)*	tomatoes

les fruits *(m)*	fruit
l'abricot *(m)*	apricot
l'ananas *(m)*	pineapple
la banane	banana
la cerise	cherry
le citron	lemon
la fraise	strawberry
la framboise	raspberry
la groseille	gooseberry
l'orange *(f)*	orange
le pamplemousse	grapefruit
la pêche	peach
la poire	pear
la pomme	apple
la prune	plum
le raisin	grape

LE BOIRE ET LE MANGER

la cacahuète	peanut
la noisette	hazelnut
la noix	nut, walnut
le pain	bread, loaf
la baguette / la flûte	long loaf
la brioche	bun
le petit pain	roll
le sandwich	sandwich
le sandwich au fromage/au jambon	cheese/ham sandwich
le croissant	croissant
la tartine	tart
les bonbons	sweets
les glaces	ices

les boissons, les consommations	drinks
le jus d'orange	orange juice
le jus de pamplemousse	grapefruit juice
la limonade	lemonade
le cidre	cider
le coca	Coke, Coca cola
le panaché	shandy
la bière	beer
la bière blonde/brune	lager/brown ale
pression/bouteille	draught/bottled
un demi	a half
le vin rouge/blanc	red/white wine
rosé/mousseux	rosé/sparkling
le champagne	champagne
l'eau minérale	mineral water
l'eau gazeuse	soda water

FOOD AND DRINK

le thé	tea
au lait/au citron	with milk/lemon
le chocolat (chaud)	(hot) chocolate
le café	coffee
un café nature/noir	a black coffee
un café express	an espresso
un café crème / **un café au lait**	a white coffee
le sucre	sugar
le miel	honey
la confiture	jam
l'huile *(f)*	oil
le vinaigre	vinegar
le sel	salt
le poivre	pepper

le lait	milk
la crème	cream
le beurre	butter
le yaourt	yoghurt
le fromage	cheese
le lard	bacon
le riz	rice
les pâtes	pasta
les saucisses	sausages
les biscuits	biscuits
les biscottes	packet toast
le tabac	tobacco
les cigarettes	cigarettes
les allumettes	matches
le briquet	lighter

LE BOIRE ET LE MANGER

Qu'y a-t-il pour votre service?	Can I help you?
Vous désirez?	What would you like?
Je voudrais	I'd like
Donnez-moi	I'll have
Combien?	How much/many?
Et avec ça?	Anything else?
C'est tout?	Will that be all?
Combien en voulez-vous?	How many/much, would you like?
Ça fait combien?	How much will that be?
Ça fait dix-huit francs quatre-vingts	18 francs 80

---

une boîte d'allumettes	a box of matches
une boîte de sardines	a tin of sardines
une bouteille d'eau	a bottle of water
une bouteille de vin	a bottle of wine
une douzaine d'œufs	a dozen eggs
cent grammes de	100 grams of
un kilo de	a kilo of
une livre de	a pound of
un paquet de	a packet of
un pot de	a pot/tub/jar of
une tablette de	a bar of
une tasse de	a cup of
une tranche de	a slice of
un verre de	a glass of
une gousse d'ail	a clove of garlic

le bouchon	cork
le tire-bouchon	corkscrew
l'ouvre-boîtes *(m)*	tin opener
l'ouvre-bouteilles *(m)*	bottle opener

LES COMMUNICATIONS

écrire	to write
le livre	book
le courrier	mail, post
la lettre	letter
l'enveloppe (f)	envelope
la carte	card
la carte postale	postcard
le timbre(-poste)	stamp
le chèque	cheque
le mandat(-poste)	postal order
la facture	invoice, bill
la fiche / **le formulaire**	form
remplir	to fill in/up
s'inscrire	to put one's name down
signer	to sign

le mot	word
la lettre	letter
le chiffre	figure (number)
le nombre	number
le numéro	number (to show one among many)
le reçu	receipt
la recette	recipe
le message	message
la réponse	reply
recevoir	to receive
le billet	ticket, banknote
le billet de cent francs	100 franc note
le cahier	notebook
le carnet	notebook, book(let), cheque book
le carnet de tickets	book of tickets

COMMUNICATIONS

la classeur	file, filing cabinet
le prospectus	prospectus, leaflet
le dépliant	brochure, folder
la brochure	brochure, leaflet
la chemise	folder (for papers etc.)
le stylo	pen
le crayon	pencil
la règle	ruler
le pupitre	school desk
le bureau	office desk
la machine à écrire	typewriter
taper à la machine	to type
la craie	chalk
le rétroprojecteur	overhead projector

le film	film
l'écran (m)	screen
le scénario	script
l'image (f)	picture
le metteur en scene le réalisateur/la réalisatrice	director
les actualités (f)	newsreel, news
les informations (f)	news
la nouvelle	piece of news
le journal	(daily) newspaper
l'hebdomadaire (m)	weekly
la revue le magazine	magazine
la réclame la publicité	advertisement
les annonces	small ads

LES PENSÉES ET LES SENTIMENTS

penser à	to think of, about
penser de	to think of (opinion)
croire	to believe
l'avis *(m)*	opinion
à mon avis	in my opinion
selon vous / à votre avis	in your opinion
le sondage	public opinion poll
le sentiment	feeling
l'émotion	emotion
le souci	worry
le cœur	heart
l'âme	soul
l'esprit *(m)*	mind, wit
l'habitude *(f)*	habit
le conseil	piece of advice
les conseils	advice

l'imagination *(f)*	imagination
la perspicacité	insight
la pensée	thought
l'amour	love
le plaisir	pleasure
le chagrin	grief, sorrow
la peur / la crainte	fear
la joie	joy
la douleur	pain
la colère	anger
la surprise / l'étonnement	surprise
la confiance	trust
la doute	doubt
la gêne	embarrassment
la haine	hatred

THOUGHTS AND FEELINGS

la chance } la veine *(slang)* }	luck
la peine	difficulty, trouble sadness
le désespoir	despair
l'espoir *(m)*	hope
la solitude	solitude, loneliness
le bonheur	happiness, good fortune
le malheur	misfortune
la tristesse	sadness
la rancune	ill-feeling, bitterness
la lâcheté	cowardice
le courage	courage
la volonté	will
la bonté	goodness
le mal	evil
le désir	desire
l'orgueil *(m)* } la fierté }	pride
l'avidité	greed

---

souhaiter	to wish
souhaiter bonne chance à	to wish good luck to
vouloir	to wish, want
je voudrais	I'd like
désirer	to want
préférer	to prefer
oser	to dare
pouvoir	to be able (physical)
savoir	to be able (know how to)
devoir	to have to
je devrais	I ought to

LES PENSÉES ET LES SENTIMENTS

surprendre / étonner	to surprise
aimer	to like, love
détester / haïr	to hate
craindre	to fear
s'inquiéter	to worry, become anxious

se plaindre	to complain
réclamer	to make a complaint
rire	to laugh
sourire	to smile
pleurer	to cry
crier	to shout
s'écrier	to shout (out)
s'exclamer	to exclaim
soupirer	to sigh
chuchoter	to whisper
grommeler	to mutter
menacer	to threaten
conseiller	to advise
espérer	to hope
se fâcher, se mettre en colère	to get angry

sentir	to feel
s'amuser	to enjoy oneself
se moquer de	to make fun of
se soucier de	to care about
comprendre	to understand
réfléchir	to think, reflect
soulager	to relieve
gêner	to embarrass, to bother

THOUGHTS AND FEELINGS

embêter	to bother
agacer	to irritate
effrayer	to frighten
se figurer / **s'imaginer**	to imagine
rêver	to dream
avouer	to confess

avoir raison/tort	to be right/wrong
avoir peur	to be afraid
avoir honte	to be ashamed
avoir de la chance/de la veine *(slang)*	to be lucky
avoir envie de	to feel like, want to
avoir l'habitude de	to be in the habit of
avoir l'intention de	to intend to
épouvantable	terrible
effrayant	frightening
affreux	awful
formidable	great, tremendous!
pénible	painful, laborious
évident	obvious

content(e) / **heureux(-euse)**	happy
fâché(e)	angry
ému(e)	moved, excited
inquiet (-iète)	worried
étonné(e)	surprised
triste	sad
soupçonneux(-euse)	suspicious
mécontent(e)	unhappy
ravi(e) / **enchanté(e)**	delighted

LES PENSÉES ET LES SENTIMENTS

jaloux(-ouse)	jealous
gêné(e)	embarrassed
reconnaissant(e)	grateful
effrayé(e)	frightened

désolé(e)	(I'm) sorry
c'est affreux	it's/that's awful
c'est incroyable	it's/that's unbelievable
quelle horreur	how awful
Que de . . . !	What a lot of . . . !
mon Dieu	my goodness
hélas	alas
je m'excuse	I'm sorry (for something done)
j'en ai marre (*slang*)	I'm fed up
c'est dommage	it's a pity
c'est embêtant	it's annoying, embarrassing
tant mieux	so much the better
tant pis	too bad
Je trouve ça (e.g. **Je trouve ça très intéressant**)	I find that, I think that's, I think it's

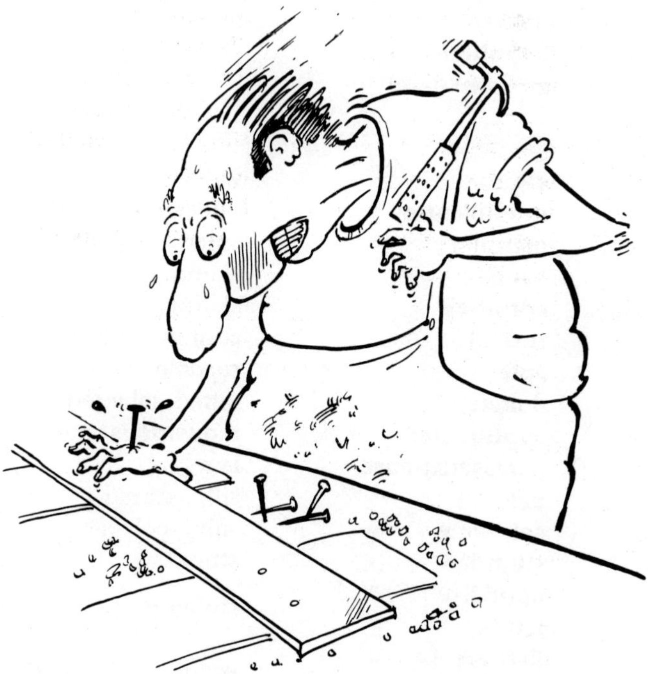

ADJECTIFS UTILES

bon, bonne	good
excellent(e)	excellent
mauvais(e)	bad
content(e)	pleased, happy
heureux(-euse)	happy, fortunate
malheureux(-euse)	unhappy, unfortunate
mécontent(e)	displeased, discontented
triste	sad
déçu(e)	disappointed
aimable	kind, nice
sympathique	nice, likeable
gentil(-ille)	kind
timide	shy
sage	well-behaved, good
poli(e)	polite
impoli(e) / **grossier(-ière)**	rude, crude

sage	wise
intelligent(e)	intelligent
malin(e)	smart, shrewd
habile	skilful, clever
adroit(e)	skilful
rusé(e)	cunning, crafty
apte	capable
doué(e)	gifted, talented
appliqué(e)	industrious
paresseux(-euse)	lazy
bête	silly, stupid
sot, sotte	silly, foolish
stupide	stupid
opiniâtre / **têtu(e)**	stubborn
fier(-ère) / **orgueilleux(-euse)**	proud

USEFUL ADJECTIVES

courageux(-euse)	brave
lâche	cowardly
méchant(e)	nasty, spiteful,
vilain(e)	naughty
soupçonneux(-euse)	suspicious
inquiet(-ète)	worried, anxious
tranquille	quiet
calme	calm
agité(e)	restless, perturbed
ennuyeux(-euse)	dull, boring
intéressant(e)	interesting
animé(e)	lively, busy
désert(e)	deserted
frappant(e)	striking, vivid
imprévu(e)	
inattendu(e)	unexpected

bizarre	strange, odd
étrange	strange
curieux(-euse)	strange, curious
marrant(e)	funny (peculiar)
amusant(e)	amusing
drôle	funny
rare	rare
normale	normal
habituel(-elle)	usual
passionnant(e)	exciting
épouvantable	terrible
effrayant(e)	frightening
désagréable	unpleasant
embêtant(e)	annoying
pénible	painful, tiresome

ADJECTIFS UTILES

bien	fine, good
chouette!	great!
formidable!	tremendous, great!
splendide!	splendid!
magnifique!	great, magnificent!
terrible!	great, terrific!
sensationnel!	great, fabulous!
parfait(e)	perfect
commode	convenient
utile/inutile	useful/useless
facile/difficile	easy/difficult
évident(e)	obvious
différent(e)	different
pareil(-eille)	same, similar

long, longue	long
court(e)	short
haut(e) / **élevé(e)**	high
bas, basse	low
large	wide
étroit(e)	narrow
léger(-ère)	light
lourd(e)	heavy
rond(e)/carré(e)	round/square
ouvert(e)	open
fermé(e)	closed
plein(e)	full
vide	empty
profond(e)	deep
propre/sale	clean/dirty

USEFUL ADJECTIVES

neuf, neuve, **nouveau, nouvel,** **nouvelle**	new
ancien(-ienne)	ancient, old
vieux, vieil, vieille	old
moderne	modern
démodé(e)	old-fashioned
frais, fraîche	fresh
doux, douce	soft, sweet, gentle
mou, molle	soft
dur(e)	hard
amer(-ère)	bitter
sec, sèche	dry
mouillé(e)	wet
trempé(e)	soaking, soaked

---

pressé(e)	in a hurry
occupé(e)	busy
occupé(e)/libre	taken/free, empty
fatigué(e)	tired
épuisé(e)	exhausted
ivre	drunk
amoureux(-euse)	in love
fou, folle	mad
coupable	guilty
innocent(e)	innocent
étranger(-ère)	foreign
sûr(e), certain(e)	sure, certain
chaque/tout(e)	each/every, all
même/autre	same/other

ADJECTIFS UTILES

blanc, blanche/noire(e)	white/black
rouge/vert(e)	red/green
jaune/bleu(e)	yellow/blue
gris(e)/brun(e)	grey/brown
foncé(e)/clair(e)	dark/light (colour)
sombre, obscur(e)	dark
entouré(e) de	surrounded by
couvert(e) de	covered with
doré(e)	golden (colour)
en or/en argent	gold/silver
en bois/en plastique	wooden/plastic
vrai(e)/faux, fausse	true/false
tel, telle	such (a)
gratuit(e)	for nothing, free
fini(e) terminé(e)	over, finished

MOTS UTILES

à	at, to, in
de	of, from
dès	(right) from
depuis	since, for (time)
jusqu'à	up to, until, as far as
dans	in, within, into
devant	in front of
derrière	behind
sans	without
avec	with
sur	on
sous	under
vers	towards, about (time)
contre	against
entre	between
par	by, through

---

chez	at/to the house of, with
parmi	among
pendant	during
pour	for, in order to
aussi	also
également	also, equally
malgré	in spite of
selon	according to
sauf	except
y compris	including
en outre / en plus	besides, as well
en plus de ...	besides ..., as well as
d'après	according to
donc / alors	so, therefore
cependant / pourtant / toutefois	however

USEFUL WORDS

néanmoins	nevertheless
quand même	all the same, nevertheless

maintenant	now
alors	then
ensuite	then, next
puis	then
d'abord	at first
jusqu'ici	up to now
désormais	from now on, in future
bientôt	soon
aussitôt	straight away, at once
aussitôt que	as soon as
immédiatement / **tout de suite**	immediately
soudain / **tout à coup**	suddenly
toujours	still, always
encore	still, yet
souvent	often

jamais	never
quelquefois / **parfois**	sometimes
rarement	rarely
d'habitude	usually
autrefois	formerly, in the past
jadis	formerly, in times past
actuellement	at present, now(adays)
auparavant	before, beforehand
longtemps	(for) a long time
tout / **complètement** / **entièrement**	completely, quite

presque	almost, nearly
déjà	already
enfin	at last, finally
finalement	in the end, finally

surtout	especially
seulement	only
notamment	notably, especially
peut-être	perhaps
vraiment	really, truly
bien	well
mal	badly
vite	quickly
lentement	slowly
ainsi	thus
doucement	softly, gently
brusquement	abruptly, sharply
heureusement	fortunately
malheureusement	unfortunately
autrement	in another way

ici	here
là	there
partout	everywhere
là-bas	over there
dedans	inside
dehors	outside
à l'intérieur	inside
à l'extérieur	outside
à travers	through
par-dessus	over(head)
par-dessous	under(neath)
ailleurs	elsewhere
d'ailleurs	besides

USEFUL WORDS

exprès	on purpose
bref	in short
même	even

ensemble	together
trop (de)	too much
plus (de)	more
moins (de)	less
un peu (de)	a little
beaucoup (de)	a lot (of)
assez (de)	enough
tant (de)	so much, so many
autant de . . . que	as much/many . . . as
plusieurs	several
quelques	some
mieux	better
pire	worse
assez / **plutôt**	rather, quite, fairly
si, / **tellement**	so
très	very
bien	fairly, very, well

Où?	Where?
Quand?	When?
Pourquoi?	Why?
Comment?	How?
Combien?	How much/many?
Qui? / **Qui est-ce que?**	Who?
Que? / **Qu'est-ce que?**	What?
Lequel/laquelle?	Which (one)?
Lesquels/lesquelles?	Which (ones)?

quand / lorsque	when
comme	as
si	if
comme si	as if
puisque	since (because)
parce que	because
car	for, because
pendant que / tandis que	while
quoique / bien que	although
qui	who, which, that
que	whom, which, that
dont	of whom, of which
ce qui / ce que	what (i.e. that which)

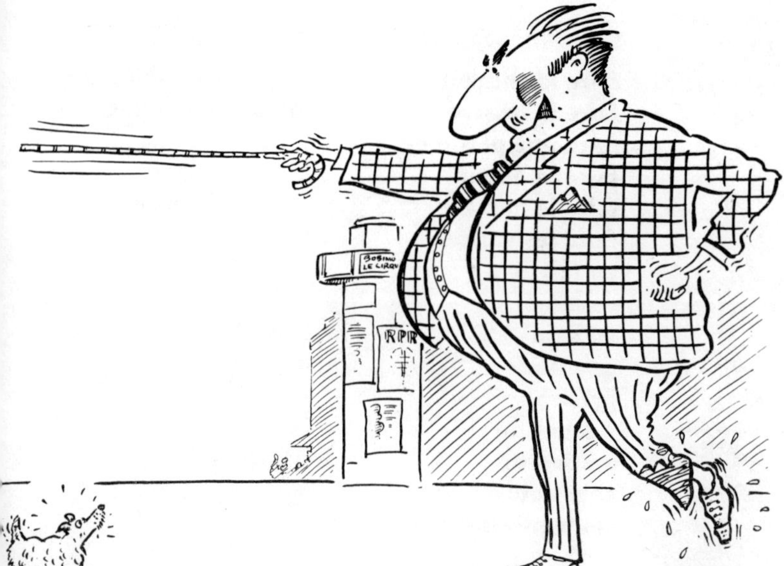
RPR

EXPRESSIONS UTILES

faire signe à	to signal to (someone)
faire de son mieux	to do one's best
faire du mal à	to harm, hurt
faire la connaissance de	to get to know, meet
faire semblant	to pretend
faire la grasse matinée	to lie in (bed late)
faire une promenade	to take a walk
faire partie de	to belong to, take part in
faire des achats (m) faire des emplettes (f)	to do some shopping
faire son marché	to do one's shopping
faire les courses (f) les commissions (f)	to go shopping
faire du lèche-vitrine	to do some window shopping

---

faire la vaisselle	to do the washing up
faire la lessive	to do the washing
faire une partie de	to have a game of
faire la queue	to queue up
faire le ménage	to do the housework
faire les valises	to pack the cases
en fait en effet	in fact
en vain	in vain
quant à	as for
grâce à	thanks to
à cause de	because of
au lieu de	instead of
avec soin soigneusement	carefully

USEFUL PHRASES AND IDIOMS

se rendre compte	to realize
se rendre à	to go to
se diriger vers	to head for, go towards
se prendre pour	to think one is,
s'y prendre	to set about, get stuck in, see to it
faillir, e.g. J'ai failli manquer le train	to almost . . . e.g. I almost missed the train
profiter de	to take advantage of
donner sur	to overlook
il s'agit de	it's a question of, it's about
être assis(e)	to be sitting
être agenouillé(e)	to be kneeling
être couché(e)	to be lying
être de retour	to be back
être à l'heure	to be on time

---

au milieu de	in the middle of
autour de	around
le long de	along, the length of
à gauche de	to/on the left of
à droite de	to/on the right of
près de/loin de	near/far from
à côté de	next to
à travers	across, through
au dessus de	above
au dessous de	below
en face de	opposite
au nord de	to the north of
au sud de	to the south of
à l'est de	to the east of
à l'ouest de	to the west of

EXPRESSIONS UTILES

de toutes ses forces	with all one's strength
à toute vitesse	at full speed
en tout cas } de toute façon }	in any case, anyway
tout au moins	at the very least
tout à fait	quite, completely
tout à coup	suddenly
tout de suite	immediately
tout à l'heure	presently, just now
tout le monde	everyone
pas du tout	not at all
tout ce qui/que	all that . . .
aussi . . . que	as . . . as
à moitié . . . à moitié	half . . . half . . .

---

au bout de	at the end of
au bout de la rue	at the end of the street
au bout de deux heures	after two hours
à bout de forces	exhausted
à bout de souffle	out of breath
à l'autre bout de	at the far end of
de temps à autre } de temps en temps }	from time to time
à temps	in time
à l'heure	on time
pendant ce temps	meanwhile
en même temps que	at the same time as
à la fois	at the same time
cette fois	this time
deux fois	twice
la prochaine fois	the next time

à l'heure actuelle } actuellement }	at the present time

USEFUL PHRASES AND IDIOMS

à l'aube	at dawn
au lever du jour	at daybreak
plus tard	later
trop tard	too late
il se fait tard	it's getting late
tôt ou tard	sooner or later
le plus tôt possible	as soon/early as possible
le plus tôt sera le mieux	the sooner the better
au plus tôt	at the earliest
le jour *où*	the day when
un jour *que*	one day when
il y a quelques jours	a few days ago
par un beau jour d'été	one fine summer's day

---

sans (+ *Infin.*)*	without . . . ing
pour (+ *Infin.*)	(in order) to
afin de (+ *Infin.*)	in order to
devoir (+ *Infin.*)	to have to
je dois partir	I must leave
je devrais . . .	I ought to . . .
j'ai dû . . .	I must have . . .
j'aurais dû . . .	I ought to have . . . , I should have . . .
pouvoir (+ *Infin.*)	to be able to (physically)
savoir (+ *Infin.*)	to be able to (know how)
vouloir (+ *Infin.*)	to wish/want to
aller (+ *Infin.*)	to be going to
oser (+ *Infin.*)	to dare to
préférer (+ *Infin.*)	to prefer to
espérer (+ *Infin.*)	to hope to
il faut (+ *Infin.*)	it is necessary to

Infinitive = the original verb itself

EXPRESSIONS UTILES

commencer à *(+ Infin.)* se mettre à *(+ Infin.)*	to begin to
aider à *(+ Infin.)*	to help to
inviter à *(+ Infin.)*	to invite to
chercher à *(+ Infin.)*	to try to
y mettre (time) *(+ Infin.)*, **e.g. On y a mis deux heures à . . .**	to take . . . to . . ., e.g. It took us two hours to . . .
passer (time) à *(+ Infin.)*, **e.g. Il a passé deux heures à lire**	to spend . . . ing, e.g. He spent two hours reading
réussir à *(+ Infin.)*, **e.g. Ils ont réussi à fermer la porte**	to succeed in . . . ing, e.g. They managed to close the door
s'occuper à *(+ Infin.)*	to busy oneself . . . ing

---

décider de *(+ Infin.)*	to decide to
essayer de *(+ Infin.)*	to try to
finir/cesser de *(+ Infin.)*	to finish . . . ing
finir par *(+ Infin.)*	to end up . . . ing
oublier de *(+ Infin.)*	to forget to
avoir envie de *(+ Infin.)*	to want to, to be keen to
être en train de *(+ Infin.)*	to be (in the process of) . . . ing
venir de *(+ Infin.)*	to have just
être sur le point de *(+ Infin.)*	to be about to
être censé(e) de *(+ Infin.)*	to be supposed to
après avoir/être/s'être *(+ Past part.)* **e.g.**	after . . . ing, e.g. after eating . . . ,

USEFUL PHRASES AND IDIOMS

après avoir mangé . . ., après être entré(e), après s'être levé(e) . . .

after going in . . ., upon getting up . . .

SALUTATIONS ET EXPRESSIONS UTILES

Bonjour	Hello, Good morning
Bonsoir	Good evening
Bonne nuit	Good night
Dormez bien	Sleep well
Salut	Hello
Comment ça va?	How are things?
Ça va?	All right?
Comment allez-vous? / **Comment vas-tu?**	How are you?
très bien/pas mal	very well/not bad
Ça va mieux?	Things any better?
Quoi de neuf?	What's new?
Rien de nouveau?	Nothing new?

Au revoir!	Goodbye
Allez, au revoir!	Cheerio then, Goodbye then
à bientôt	see you soon
à tout à l'heure!	see you shortly
à demain	see you tomorrow
à ce soir	see you tonight
à la prochaine	till the next time
adieu	goodbye
Alors, on y va?	Well, shall we go?
Allez-y!	Go on, then!
Allons-y!	Let's go!
merci (bien)	thanks
merci beaucoup	thanks very much
je vous remercie	thank you
vous êtes très gentil(-ille)	you're very kind
de rien, il n'y a pas de quoi / **je vous en prie**	don't mention it
Merci d'être/ d'avoir (+ *Past part.*)	Thank you for . . . ing
volontiers	willingly

USEFUL EXPRESSIONS

à propos	by the way
Voulez-vous . . . ? Veux-tu . . . ?	Will you . . . ?
veuillez . . .	would you please . . .
oui, bien sûr	yes, of course
bien entendu	of course
entendu	agreed, understood
D'accord	OK
Ça ira?	Will that be OK?
Oui, je crois Je crois que oui Oui, je pense	Yes, I think so
naturellement	of course

---

c'est ça	that's it, that's right
mais non	no, it isn't
bien sûr que non	of course not
Non, ce n'est pas vrai!	No, it's not true!
Vraiment?	Really?
Sans blague!	Really!, You don't say!
Tu rigoles *(slang)*	You're joking,
Mais si!	Yes, it is! (contradicting a negative)
Écoute! Écoutez!	Listen!
Tiens!	Well, well! Look!
Ah bon	OK, fine
Oui, justement	Yes (that's it) exactly
Regarde! Regardez!	Look!
Attention!	Be careful!, Watch out!
Attends! Attendez!	Wait! Hold on!
En voila assez!	That's enough!
Ça suffit	That's enough

SALUTATIONS ET EXPRESSIONS UTILES

Ça suffira	That will do
Dis donc / **Dites donc!**	Listen
Vas-y doucement	Take it easy
Allez-vous-en! / **Va-t'en!**	Go away, off with you!
Au secours!	Help!
Comment? / **Quoi?**	What?

Alors . . . / **Eh bien . . .** / **Enfin . . .**	Well then . . . Well now . . .
ça y est	that's it
C'en est trop!	That's it! (the last straw)
c'est à dire	in other words
c'est peu de chose / **ce n'est pas grand-chose**	it's no big deal, it's not very important
ça m'est égal	it's all the same to me
c'est pareil	it's the same
ça ne fait rien	it doesn't matter
ce n'est pas grave	it's not serious

Je vous présente . . .	May I introduce . . .
Enchanté(e)	Pleased to meet you
Entrez, donc!	Come on in!
Asseyez-vous! / **Assieds-toi!**	Sit down
Depuis quand . . . ? / **Depuis combien de temps . . . ?**	How long . . . ?
Vous désirez?	Can I help you?
Alors, je voudrais . . .	I'd like . . .

USEFUL EXPRESSIONS

C'est tout? Et avec ça?	Will that be all? Anything else?

Qu'est-ce qu'il y a? Qu'est qui se passé?	What's happening? What's going on?
Qu'avez-vous? Qu'as-tu?	What's the matter (with you)?
Je ne sais pas	I don't know
Je ne suis pas sûr(e)	I'm not sure
aucune idée	no idea
Je crois à mon avis selon moi	I think, in my opinion
ça dépend (de)	it depends (on)
c'est selon . . .	it all depends on . . .

Est-ce que cela vous gêne?	Does it bother you?
Tais-toi! Taisez-vous!	Shut up!
Qu'est-ce qu'on va faire?	What are we going to do?
on pourrait	we could, we might
Pardon!	Excuse me
Excusez-moi!	I'm sorry (for having . . .)
Je suis désolé(e)	I'm sorry
J'aurais dû . . .	I should have . . .
J'ai dû . . .	I must have . . .
Que je suis . . . !	How . . . I am!
Que de . . . !	What a lot of . . . !
à quoi bon . . . ?	What's the good of . . . ?
pas de problème	no problem, that'll be all right

SALUTATIONS ET EXPRESSIONS UTILES

ça ne marche pas	this/it doesn't work
le truc	thing, thingummy, whatsit
le machin	
c'est très ennuyeux	it's very annoying
c'est embêtant	it's annoying, boring
c'est pénible	it's painful
c'est affreux	it's terrible
ça m'agace	it annoys me
ça m'embête	
Quel dommage!	What a pity!
tant pis	too bad, so much the worse
Je m'en fiche	I don't give a damn, I don't care
J'en ai marre	I'm fed up with it
Zut! Flûte!	Blast! Damn!
Quelle horreur!	How terrible!

---

je vous/te donnerai un coup de fil	I'll ring you
âllo!	hello (telephone)
C'est quel numéro?	What number (is this)?
C'est de la part de qui?	Who's speaking?
ne quittez pas!	hold on/the line
je vais rappeler	I'll call back
c'est occupée	it's engaged
Cette place est occupée?	Is this seat taken?
Je te rejoins	I'll meet you

Qui est ce type?	Who is that bloke?
drôle de type!	strange bloke/chap/guy!

USEFUL EXPRESSIONS

espèce de . . . ! e.g. **espèce d'idiot,** etc.	stupid great . . . !
c'est marrant	it's funny/strange
c'est chouette	it's great
je vous souhaite . . .	I wish you . . .
la bienvenue	welcome
Bon anniversaire!	Happy Birthday!
Joyeux Noël!	Happy Christmas!
Bonne Année!	Happy New Year!
Bon appétit!	Enjoy your meal!
Meilleurs voeux!	Best wishes (written)
Bonne chance!	Good luck!

Bonne fête!	Happy holiday, Saint's Day
on va fêter	we're going to celebrate
Félicitations!	Congratulations!
bon courage	all the best, chin up
bonne idée	good idea
à votre santé	Cheers! your good health!
à la vôtre	Cheers! and yours!
Voilà!	There! There you are! There we are!
Qu'est ce que tu prends? / **Qu'est ce que vous prenez?**	What'll you have?
sans (aucune) doute	no doubt
certainement	certainly
moi non plus	me neither
dans une certaine mesure	to a certain extent
ça s'arrangera	it'll work out/be all right

VERBES UTILES

✱	**avoir**	to have
✱	**être**	to be
✱	**vivre**	to live
	respirer	to breathe
✱	**habiter**	to live (in)
	demeurer	to live, to stay
✱	**manger**	to eat
	mordre	to bite
	avaler	to swallow
	dîner	to dine, have dinner
	déjeuner	to have lunch
✱	**boire**	to drink
	se passer	to happen
	arriver	to to happen, to arrive

	ajouter	to add
✱	**appeler**	to call
	avouer	to confess
	balbutier	to stammer
	bavarder	to chat
✱	**causer**	to chat, to cause
✱	**chanter**	to sing
	chuchoter	to whisper
✱	**commander**	to order (food and drink)
✱	**conseiller**	to advise
✱	**crier**	to shout
✱	**demander**	to ask (for)
✱	**dire**	to say, tell
	discuter	to discuss
	se disputer	to argue, quarrel

✱ Learn.

USEFUL VERBS

expliquer	to explain
exprimer	to express
s'écrier / s'exclamer	to exclaim
grogner	to growl, grumble
grommeler	to mutter, grumble
gronder	to scold
insister	to insist
inviter	to invite
jurer	to swear
louer	to praise, to rent, hire
menacer	to threaten
mentir	to lie
mépriser	to scorn
ordonner	to order

parler	to speak, talk
plaire (à)	to please
se plaindre	to complain
pleurer	to cry, weep
proposer	to propose, suggest
raconter	to recount, tell
remercier	to thank
répéter	to repeat
répondre	to reply
reprendre	to continue, go on (speech)
rire	to laugh
saluer	to greet
siffler	to whistle
soulager	to relieve
soupirer	to sigh
sourire	to smile

VERBES UTILES

adorer	to adore
✻ aimer	to like, love
s'apercevoir (de)	to notice
✻ attendre	to wait (for), expect
✻ choisir	to choose
✻ comprendre	to understand, realize
✻ connaître	to know (aquaintance)
constater	to notice, state
✻ croire	to believe/think
✻ écouter	to listen (to)
embêter	to annoy
s'embêter	to be bored, annoyed
✻ embrasser	to kiss
ennuyer	to bother, bore
s'ennuyer	to be bored
éprouver	to test, to feel

✻ espérer	to hope
frissonner	to shudder, shiver
gêner	to bother, embarrass
✻ goûter	to taste
irriter	to irritate, annoy
manquer	to miss, lack
✻ mériter	to deserve
oser	to dare
paraître	to seem
penser à	to think of, about
penser de	to think of (opinion)
✻ préférer	to prefer
✻ réfléchir	to think, reflect

USEFUL VERBS

regarder	to look at, watch
regretter	to regret, miss
remarquer	to notice
ressentir	to feel
rêver	to dream
savoir	to know (facts), to know how to
sembler	to seem
sentir	to smell, to feel
se sentir	to feel (ill, well, etc.)
souhaiter	to wish
trembler	to tremble
trouver	to find, think
voir	to see
vouloir	to wish, want

s'abriter	to shelter
allumer	to light (up), switch on
amener	to bring (non-portable)
apporter	to bring (portable)
baisser	to lower
briller	to shine
brûler	to burn
chercher	to look for, seek
compter	to count, to expect to
conduire	to drive
couler	to flow, to sink
couvrir	to cover
déposer	to put down, set down
disparaître	to disappear
donner	to give

VERBES UTILES

	emmener	to take (away) (non-portable)
	employer	to use
	emporter	to take away (portable)
	emprunter	to borrow
✱	**envoyer**	to send
	éteindre	to put out, switch off
✱	**faire**	to do, to make
✱	**fermer**	to close, shut
	laisser	to leave; to let, to allow
	laisser tomber	to drop
✱	**lever**	to lift, raise
	marcher	to walk
	mener	to lead
	mettre	to put
	montrer	to show
✱	**ouvrir**	to open

✱	**perdre**	to lose, to waste
✱	**porter**	to carry, to wear
	poser	to put
✱	**prendre**	to take, to have (food and drink)
	présenter	to introduce
	prêter	to lend
	permettre	to allow
	ramasser	to pick up
	ranger	to arrange, to tidy
	rater	to fail, to go wrong
	recevoir	to receive
	réussir	to succeed
	régler	to regulate, adjust, settle
	rencontrer	to meet (by chance)
	retrouver	to meet

répandre	to spread
reprendre	to fetch, to take/get back
réserver	to reserve
salir	to dirty
sécher	to dry
sonner	to ring
téléphoner (à)	to telephone
tenir	to hold
toucher	to touch
trouver	to find
utiliser	to use
verifier	to check
verser	to pour

apparaître	to appear (suddenly)
appuyer	to lean on, to press
arracher	to tear off/out, to snatch
attraper	to catch
battre	to beat
se battre	to fight
blesser	to injure, hurt, wound
casser	to break
déchirer	to tear
déranger	to bother, disturb, disrupt
déraper	to skid
écraser	to crush, to run over
empêcher	to prevent, stop
fouiller	to search

VERBES UTILES

gaspiller	to waste
gâter	to spoil
glisser	to slip
heurter	to bump/crash into
interrompre	to interrupt
✳ jeter | lancer	to throw
lutter	to fight, struggle
mélanger, mêler	to mix
plier	to fold, bend

---

pousser	to push
presser	to squeeze
renverser	to overturn, knock over
rompre	to break
saisir	to seize
secouer	to shake
sursauter	to give a jump/start
tirer	to pull; to shoot, fire
traîner	to drag
tuer	to kill

---

accompagner	to accompany, go with
bouger	to move
✳ courir	to run
errer	to wander
éviter	to avoid
✳ franchir	to cross
grimper	to climb
marcher	to walk
quitter	to leave
ramper	to crawl
rouler	to drive (along)
sauter	to jump

USEFUL VERBS

suivre	to follow
traverser	to cross
voyager	to travel

achever	to finish
aider	to help
apprendre	to learn
balayer	to sweep
bâtir	to build
bricoler	to do odd jobs, potter
brosser	to brush
charger	to load (up)
cirer	to polish
coller	to stick
construire	to build, construct
coudre	to sew
couper	to cut
creuser	to dig
cueillir	to pick, gather

décharger	to unload
décorer	to decorate
écrire	to write
emballer	to wrap up, parcel up
enseigner	to teach
ensevelir / **enterrer**	to bury
entasser	to stack/pile up
envelopper	to wrap
essayer (de)	to try (to)
essuyer	to wipe
finir	to finish
frapper	to knock, hit
frotter	to rub
garder	to look after, to keep

VERBES UTILES

✳	**laver**	to wash
✳	**lire**	to read
	livrer	to deliver
	marcher	to go, work (machine)
✳	**nettoyer**	to clean
	peindre	to paint
	remplacer	to replace
	remplir	to fill
	tapisser	to hang wallpaper
	tordre	to twist, wring
✳	**travailler**	to work
	tricoter	to knit
	vider	to empty
	visser	to screw

✳	**acheter**	to buy
	changer	to change
	coûter	to cost
	dépenser	to spend
✳	**devoir**	to owe
	donner	to give
	épargner	to save
	fournir	to provide
	gagner	to earn, to win
	garder	to keep
	perdre	to lose
	recueillir	to collect
	toucher	to draw, to cash
✳	**vendre**	to sell
	voler	to steal, to fly

USEFUL VERBS

aller*	to go
arriver*	to arrive, to happen
descendre*	to go/come down
devenir*	to become
entrer*	to enter, to go/come in
monter*	to go/come up
mourir*	to die
naître*	to be born
partir*	to leave, depart
rentrer*	to return (home)
rester*	to remain, stay
retourner*	to return
revenir*	to come back
sortir*	to go/come out
tomber*	to fall
venir*	to come

Learn.

* These verbs take 'être'

Some reflexive verbs (all take 'être')

s'approcher (de)	to approach
s'arrêter	to stop
s'asseoir	to sit down
se cacher	to hide
se coucher	to go to bed
se débrouiller	to manage, get by
se débarrasser de	to get rid of
se demander	to wonder
se dépêcher	to hurry
se diriger vers	to head for

Learn

VERBES UTILES

	s'échapper	to escape
	s'écrier	to exclaim
	s'égarer	to wander off, get lost
	s'élancer	to rush
	s'emparer de	to get hold of
	s'en aller	to go away
✱	s'endormir	to go to sleep
	s'étonner	to be surprised
	se fâcher	to be/get angry
	s'habiller	to get dressed
✱	s'habituer à	to get used to

✱	s'installer	to settle (in)
✱	se laver	to wash
✱	se lever	to get up
	se passer	to happen
	se pencher	to lean (over)
	se précipiter	to rush
✱	se promener	to take a walk
✱	se rappeler	to remember
	se renseigner sur	to find out about
	se reposer	to rest

✱	se retourner	to turn round
✱	se réveiller	to wake up
	se sauver	to run away
	se servir	to help oneself
	se servir (de)	to use
	se soucier de	to worry about
✱	se souvenir (de)	to remember
	se taire	to be quiet
	se tenir	to stand
	se tromper	to be mistaken
	se trouver	to be (found)